AF349667

Peintures Chinoises

Catalogue

DE

Peintures Chinoises

Anciennes

de la Collection de Madame F. LANGWEIL

Exposées du 9 au 31 Janvier 1911

dans les Galeries

DURAND-RUEL

16, Rue Laffitte, 16

De 10 h. à 6 h. Dimanches exceptés

PARIS MCMXI

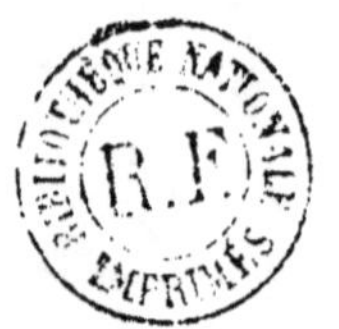

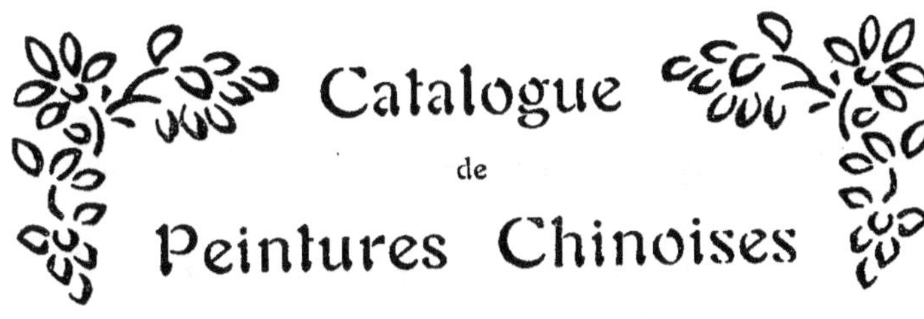

Catalogue
de
Peintures Chinoises

1. — MANDARIN ET SES SERVITEURS.
Peint sous le règne de l'empereur
Tao-Kouang (1821-1851).

2. — PORTRAIT. Époque Song (960-1260).

3. — PORTRAIT. Époque Song (960-1260).

4. — JEUNE FEMME PORTANT LE
COSTUME DES MING. Peint par
un peintre du commencement de la
dynastie des Ts'ing, xvii° siècle.

5. — DEUX PERSONNAGES peints par
T'ang-Yin nommé aussi Tseu-wei,
surnom Lieou-You, commencement
du xvi° siècle, peintre renommé.

6. — UN DES PA-SIEN AFFUTANT
SON SABRE. Époque Ming.

7. — COPIE D'UNE PEINTURE de Lieou
song-nien (dynastie des Song) par
You-Tsi appelé aussi Ts'ieou-che
(1743-1823).

8. — LES PORTUGAIS A MACAO, xvii° siècle.

9. — KOUAN-YIN. Époque Ming, xv° siècle.

10. — CAVALIER par Tchao-Mong-fou, peintre célèbre de l'époque des Yuan, xiv° siècle.

11. — DIEU TAOÏSTE. Époque Ming, xv° siècle.

12. — FAUCON. Copie d'une peinture de l'empereur Houei-Tsong (1082-1135) par Lü-Ki. Époque Ming, commencement du xvi° siècle.

13. — PERSONNAGE REGARDANT UNE CHAUVE-SOURIS (emblème du bonheur), par Min-Tcheng, commencement du xviii° siècle.

14. — AIGLE BLANC par Chen-Ts'man nommé aussi Nan p'in, peintre connu du xviii° siècle.

15. — HÉRON ET FLEURS DE LOTUS par Peng-Yuan-Tchan.

16. — DAMES ET ENFANTS par Leng-Mei appelé aussi Ki-Tch'en. Commencement du xviii° siècle, élève du peintre célèbre Tsiao-Ping-Tcheng.

17. — SENNIN par Tchen-yun-tien, surnommé Leng-tao-yen. Fin des Ming.

18. — AIGLE BLANC par l'empereur Houei-
Tsong (1082-1135). Époque Song.

19. — FLEURS par Yun-Ko nommé aussi
Cheou-p'eng et Cheng-Chou, surnommé Nan-t'ien-lao-pen (1633-
1690), peintre célèbre de fleurs et
paysages.

20. — LO-HAN TENANT LE VASE A
AUMONES ET LE SISTRE.
Commencement des Ming, xv° siècle.

21. — FAISANS ET CANARDS par Lü-Ki.
Commencement du xvi° siècle.

22. — OISEAUX par Lieou surnommé Mei-
Cheng. Époque Ming.

23. — FLEURS ET OISEAUX.

24. — DEUX JEUNES FILLES. Époque
Ming.

25. — JEUNE FEMME par Tong-K'i-Theang
appelé aussi Hinan-Tsaï, surnom
Tseu-po (1555-1636), peintre et col-
lectionneur célèbre.

26. — CANARDS SAUVAGES DANS LES
ROSEAUX par Lin-Leang, xv° siècle.

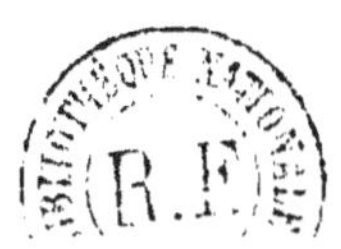

27. — OIES SAUVAGES par Pien-Cheou-Min, xviiie siècle. Peintre très connu.

28. — PORTRAIT FUNÉRAIRE.

29. — PORTRAIT FUNÉRAIRE.

30. — CANARDS par Tchou-Tchong.

31. — JEUNE FEMME ET ENFANT. Époque des Ming, xve siècle.

32. — JEUNE FEMME ET ENFANTS par Houang-Nien. Époque Ming.

33. — JEUNES FEMMES ET ENFANTS par K'ieou-Ying appelé aussi Che-fou, surnommé Che-Tcheou, peintre célèbre du xvie siècle.

34. — ÉVENTAIL. Commencement de la dynastie des Ts'ing. xviie siècle.

35-36. CARICATURES. xviie siècle.

37-38. ÉVENTAILS FLEURS. xviiie siècle.

39. — PERSONNAGE DANS UN PAYSAGE par Tcheng-Kouan. xviiie siècle.

40. — DEUX DAMES par Tchang-Lin. xviiie siècle.

41. — ÉVENTAIL. xviiie siècle.

42. — LO-HAN par Tch'eng p'eng. Époque Ming. xvie siècle.

43. — CANARD SAUVAGE. xviii° siècle.

44. — OISEAUX ET FLEURS. xviii° siècle.

45. — PAYSAGE par Tch'eng p'eng. Époque Ming.

46. — FLEURS par Tchang-Lin. xviii° siècle.

47. — SINGES SUR UNE BRANCHE DE PIN par T'eng-Kouei, peintre mandchou. xviii° siècle.

48. — PAYSAGE par Che-Ying, peintre mandchou. xviii° siècle.

49. — FLEURS par T'eng-Kouei, peintre mandchou. xviii° siècle.

5o. — CAVALIER par Tchang-Kouan. xviii° siècle.

51. — LAPINS par Tchang-Kouan.

52. — FLEURS par Tchao-Sien. xviii° siècle.

53. — KOUANG. Or sur noir. xviii° siècle.

54. — KOUANG. Or sur noir.

55. — PAYSAGES. xviii° siècle.

56. — ÉVENTAIL. xviii° siècle.

57. — FLEURS par Tchang-Kouang.

58. — PÊCHEURS par Tchang-Kouang.

59. — FLEURS.

60. — FLEURS.

61. — LES SEPT SAGES DANS LA FORÊT DE BAMBOUS par Tchang-Kouan. xviii° siècle.

62. — PAYSAGES par Tchang-Kouan.

63. — PAYSAGES par Tchang-Kouan.

64. — PAYSAGES par Tch'eng p'eng.

65. — IBIS par Sin-han.

66. — FLEURS par Sin-han.

67. — PAYSAGE par Sin-han.

68. — FLEURS par Sin-han.

69. — BONZE ET NOVICE DANS UN PAYSAGE, par Leng-Mei appelé aussi Ki'Tch'en, peintre de la Cour Impériale. Commencement du xviii° siècle.

70. — OISEAUX SUR UN ARBRE par Lü-Ki. Commencement du xvi° siècle.

71. — FAISANS ET FLEURS par Lü-Ki. Commencement du xvi° siècle.

72. — PLANTES ET OISEAUX par Souen-fang. Époque Ming.

73. — CRABES ET LOTUS par Tch'en-
Tch'ang-yen. Époque Ming. XVIe
siècle.

74. — LAO-TSEU par Yen-pao. XVIIe siècle.

75. — FLEURS ET OISEAUX ROUGES.
Époque Ming. XVe siècle.

76. — FOU-CHEN lettré du temps des Han,
par Chen-Yao-tche. Commencement
de la dynastie des Ts'ing. XVIIe siècle.

77. — OISEAUX DANS LES BAMBOUS
par Lü-Ki. Commencement du XVIe
siècle.

78. — KOUAN-YIN. Époque des Ming.
XVIe siècle.

79. — DAMES. Epoque des Ming. XVIe siècle.

80. — DAME REGARDANT UN PERRO-
QUET. Époque Ming. XVe siècle.

81. — PORTRAIT DE DAME. XVe siècle.

82. — MANDARIN RECEVANT DES
FLEURS par Tsen-siao-Lien. Fin
Ming. XVIIe siècle.

83. — CAVALIERS par Tchen-Tsou. Epoque
Ming. XVIe siècle.

84. — LOTUS ET HÉRON par Yun-Ko
appelé aussi Chéou p'ing et Tcheng-
Chou (1633-1690).

85. — FEMME ET ENFANTS MAND-
CHOUS.

86. — SCÈNE TAOÏSTE. Epoque Ming.
xvie siècle.

87. — COQS par Tcheng-Yuan-Tchang.
Époque Song (960-1260).

88. — FAUCON par Kiéou-chan-Taï. Fin
des Ming. xviie siècle.

89. — KOUAN-YIN. xviie siècle.

90. — SCÈNE TAOÏSTE. Époque Ming.
xvie siècle.

91. — SCÈNE TAOÏSTE. Époque Yuan.
xive siècle.

92. — SCÈNE TAOÏSTE. Époque Yuan.
xive siècle.

93. — PERSONNAGE REGARDANT UN
PARAVENT. Fin des Ming. xviie
siècle.

94. — OISEAUX par Wang-Hia. xviie siècle.

95. — RÉUNION DE VIEILLARDS par
Leng-Mei. Commencement du xviiie
siècle (Peintre de la Cour Impériale).

96. — CHEVAL par Tcheng-Siao-hai. xviiie
siècle.

97. — DEUX DAMES. Époque Ming. XVIᵉ
siècle.

98. — RÉCEPTION par T'ang-Yin nommé
aussi Tsen-Wei, surnom : Lieou-jou;
peintre connu du commencement du
XVIᵉ siècle.

99. — CANARDS par Tso-Yi-Kouei. XVIIᵉ
siècle.

100. — HOMME ASSIS ET FEMME ÉCRI-
VANT. Époque Ming. XVᵉ siècle.

101. — PERSONNAGE ET CERF BLANC
par Liao-Sien.

102. — FAUCON BLANC peint par l'empereur Houei-Tsong (1082-1135).

103. — LES DIEUX DU BONHEUR. Époque Ming. XVIᵉ siècle.

104. — COQS par Tsan-Tsue-Houn. Époque
de Kien-Long.

105. — TROIS HOMMES CONDUISANT
UN CHEVAL par Tchao-Mong-
fou (1254-1322), peintre célèbre de
l'époque des Yuan.

106. — TA-MO (DHARMA) PORTANT LA
CHAUSSURE. Fin des Ming.
XVIIᵉ siècle.

107. — JEUNES FEMMES. Époque Ming. xvi° siècle.

108. — JEUNE FEMME ET ENFANT par Tche-Kouan. Commencement du xviii° siècle.

109. — PERSONNAGES MONTÉS SUR DES BUFFLES. Époque Ming. xvi° siècle.

110. — OISEAUX DANS LA NEIGE. Époque Ming. xvi° siècle.

111. — UNE FÊTE. Fin des Ming. xvii° siècle.

112. — CHEVAUX attribués à Tchao-Mong-fou (1294-1322). Époque Yuan.

113. — FLEURS par Lou-Tche nommé aussi Chow p'ing, surnom : Tao-Chan. Époque Ming. xvi° siècle.

114. — JEUNE FEMME ET ENFANTS. xvii° siècle.

115. — LO-HAN. Époque des Song (960-1260).

116. — FAUCON. xviii° siècle.

117. PEINTURE par Leou-Yun-Tsi. xviii° siècle.

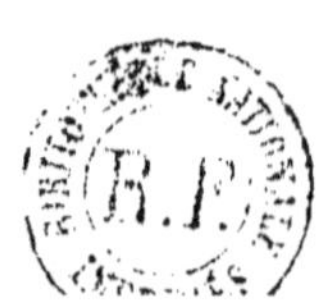